Deko für Kids

Sandra Kern

Baby's kleines Reich

Material
- Sperrholz, 6 mm und 4 mm stark
- Acrylfarben: weiß, goldgelb, hautfarben, hellblau, schwarz
- karminroter Buntstift
- wasserfester, schwarzer Filzstift
- irisierender Glitterliner
- brauner Bindedraht, Ø 0,35 mm, 3 x 3 cm lang
- Papier-Bildaufhänger
- Schaschlik-Stäbchen

Das Baby, einen Flügel, den Arm sowie die Krone aus dem dünneren Sperrholz aussägen. Die Wolke aus dem dickeren Sperrholz fertigen. Alle Holzteile mit Schmirgelpapier glätten und die Kanten abrunden. Mit einem 1-mm Bohrer Löcher für die Haare am Kopf vorbohren. Anschließend die Figur gemäß Abbildung mit den Acrylfarben bemalen. Die Punkte mit einem Schaschlik-Stäbchen auftupfen. Nach dem Trocknen die Teile mithilfe des Vorlagenbogens zusammenkleben und die Drahtstückchen in die vorgebohrten Löcher am Kopf fixieren.

Zum Schluss den Schriftzug mit einem wasserfesten, schwarzen Filzstift aufmalen und auf der Rückseite der Figur einen Aufhänger befestigen.

Tipp:

Anstatt als Türschild lässt sich das Motiv auch als Mobile oder Klangspiel weiterverwenden. Dazu das Motiv aus Holz aussägen oder aus Fotokarton ausschneiden. An der Wolke Schnüre mit Perlen und Klangstäben einhängen.

Impressum:
© 2006 Bücherzauber Verlag GmbH, 41540 Dormagen
ISBN 10: 3-86545-124-1 ▪ ISBN 13: 978-3-86545-124-8 ▪ Best.-Nr.: 45124

Fotos: Agata Franica
Styling: Agata Franica
Grafik/Zeichnungen: Daria Broda
Layout/Satz/Bildbearbeitung: Andrea Splietker
Druck: asmuth, Köln ▪ www.asmuth-koeln.de

1. Auflage 2006

Vorwort

Liebes, Süßes und Nützliches für das Kinderzimmer. Ob Garderobe, Türschild, Konsole oder Schatzkästchen - in diesem Buch finden Sie viele Anregungen, die Zimmer Ihrer Kinder zu verschönern. Sie benötigen lediglich eine Laub- oder Dekupiersäge, etwas Farbe, Schleifpapier, Papier, Tapete und Perlen dazu. Mal einfach, mal etwas aufwendiger- tolle Ideen die lustig, praktisch und dekorativ zugleich sind. Viel Spaß beim Aussägen, Bemalen und Dekorieren wünscht Ihnen Ihre

Sandra Kern

Sandra Kern

Mischtabelle

hautfarben = weiß + wenig gelb und rot

goldgelb = viel gelb + wenig rot

orange = gelb + rot

rosa = weiß + rot

pink = rosa + etwas rot

flieder = rot + blau und etwas weiß

hellblau = weiß + blau

eisblau = weiß + blau und ein wenig schwarz

lindgrün = weiß + etwas grün und gelb

ocker = rehbraun + gelb

grau = weiß + schwarz

Material & Werkzeug

Laub- oder Dekupiersäge mit Sägeblättern

Schmirgelpapier 180-er und 240-er Körnung

kleine Kombizange

Holzleim express

Außerdem:

- Akkuschrauber
- Schrauben, kleine Nägel, Klapp-Ösen, Scharniere
- Hammer, Tacker, Holzfeile
- Alleskleber
- Kopierpapier
- Lineal, Radierer, Schere
- wasserfeste Filzstifte: schwarz, rot
- Buntstifte
- Borstenpinsel
- Schwamm
- Leimholz, Sperrholz
- Leisten, Dübelstäbe
- Glasperlen
- Fotokarton
- Bänder
- Draht

Bleistift

Acrylfarben

Transparent- oder Butterbrotpapier

Haarpinsel Größe: 1, 2, und 6

Klarlack auf Wasserbasis

Holzkugeln

So wird's gemacht!

1. Vorlagen übertragen

Zunächst mit Transparent- oder Butterbrotpapier das Motiv vom Vorlagenbogen abpausen und mit Kopierpapier auf das Holz übertragen. Achten Sie beim Aufpausen darauf, dass die Holzmaserung bei allen Motivteilen in die gleiche Richtung läuft. Auch bei der Auswahl des Holzes auf gleiche Maserung und Holzsorte achten.

2. Sägen

Das Holz auf eine Tischkante oder Werkbank legen, sodass die Schneidefläche gut zugänglich ist. Mit einer Dekupiersäge kann dickes Holz, bis 50 mm Stärke, schnell und einfach gesägt werden. Alternativ ist dies bei größeren Holzteilen auch mit einer Stichsäge möglich. Bei kleineren Teilen kann ein spezieller Sägetisch für die Stichsäge verwendet werden. Kleinere Motivteile aus Sperrholz lassen sich gut mit einem Laubsägebogen und den entsprechenden Laubsägeblättern heraussägen.

3. Bohren

Zum Bohren der Löcher benötigen Sie eine Bohrmaschine oder einen Akkuschrauber. Für kleinere Löcher bietet sich ein kleiner elektrischer Handbohrer an. Zum Einsetzen von Rundholzdübeln oder Drahtstücken, werden bei den meisten Modellen Löcher mit einem Durchmesser von 1-5 mm vorgebohrt. Beim Bohren immer ein Stück Restholz unter das Holzteil legen, um ein Ausreißen des Bohrlochs auf der Holzrückseite zu vermeiden. Alle Löcher für einzusteckende Drähte haben den gleichen Durchmesser wie die Drähte selbst. Bei Verschraubungen das Loch etwas kleiner, als den Schraubendurchmesser bohren.

4. Feilen und Schmirgeln

Holprig gesägte Kanten mit einer Feile glätten. Mit unterschiedlichen Flach- und Rundfeilen lassen sich die Kanten abrunden und nachbessern. Immer von innen nach außen arbeiten. Mit Schmirgelpapier in den Stärken 180 und 240 die Holzoberflächen in Richtung der Maserung glätten.

5. Zusammenfügen

Zum Verleimen von Holzteilen „Holzleim express" verwenden, dieser bindet besonders schnell. Kleinere Holzteile aus Sperrholz mit Nägeln befestigen. Zum Zusammenfügen von Regalen und Anbringen von Standbrettern, Schrauben oder Scharniere nutzen. Für die Schrauben immer Löcher vorbohren und zum besseren Halt zusätzlich eine dünne Schicht Holzleim auftragen.

6. Bemalung

Vor dem Bemalen die Holzteile mit einem Tuch abstauben und ggf. nochmals schleifen. Ein schöneres und gleichmäßiges Farbergebnis wird erzielt, wenn Sie die Holzteile mit weißer Acrylfarbe vorgrundieren. Dazu die Farbe etwas mit Wasser verdünnen. Die Gesichtszüge und Details übertragen. Für die Wangenbemalung schaben Sie mit einem Messer etwas Farbe von einer Buntstiftspitze ab und reiben diese mit einem feinen Schwämmchen auf. Auf die schwarzen Augen und die Nasen können mit einem weißem Lackmalstift Lichtpunkte gesetzt werden. Die Mundlinien mit Acrylfarbe und einem feinen Pinsel, mit Filzstiften oder Buntstiften aufmalen. Eine Grundausstattung der Farben: Weiß, Gelb, Karminrot, Echtblau, Blattgrün, Rehbraun und Schwarz ist ausreichend. Die meisten Zwischenfarbtöne lassen sich einfach selber mischen. Mit Weiß hellen Sie Farben auf, mit Schwarz oder Braun erzielen Sie dunklere Schattierungen. (s. Seite 3)

7. Nachbehandlung

Nach dem Bemalen empfiehlt es sich, viel benutzte Teile mit einem geeigneten Schutzlack zu überziehen.

Bärige Helfer

Grund-Material pro Figur

- Sperrholz, 8 mm stark
- 2 kleine Holz-Möbelknöpfe oder Figurenkegel
- Acrylfarben: weiß, hautfarben, hellbraun, schwarz
- karminroter Buntstift
- 2 schwarze Halbperlen, Ø 10 mm
- Filz, 2 mm stark: rot, schwarz
- Messing-Bildaufhänger

zusätzlich für den Bären-König

- Acrylfarben: goldgelb, orange, hellblau, ultramarin, mintgrün

zusätzlich für das Bärenmädchen

- Acrylfarben: rosa, pink
- hellrosa Filz, 1 mm stark
- weißer Formfilz
- weißes Satinband, 3 mm breit, 50 cm lang
- Motivlocher „Herz", Ø 16 mm
- Bürolocher

Als Erstes die Motive vom Vorlagenbogen auf das Sperrholz übertragen und aussägen. Schleifen Sie alle Teile mit Schmirgelpapier ab und runden dabei die Kanten. Danach die Nasen auf den schwarzen Filz und die Kragenteile auf den rosa Filz übertragen und ausschneiden. Als Nächstes die Figuren bemalen, dabei die Wangen mithilfe eines roten Buntstiftes betonen. Nun die Filznasen, die Halbperlen als Augen und die einzelnen Kragenteile aufkleben. Zusätzlich auf den rosa Kragen ausgestanzte Filzpunkte platzieren. Außerdem das weiße Satinband ankleben und die Enden zu einer Schleife binden. Danach mit einem Motivlocher fünf Herzen und fertigen und zusammen mit den Möbelknöpfen aufkleben. Zum besseren Halt können von der Rückseite aus die Knöpfe mit einer kleinen Schraube fixiert werden. Zu guter Letzt jeweils einen Aufhänger annageln.

Tierische Kleiderbügel

Grund-Material

- Sperrholz: 10 mm und 4 mm stark
- Messing-Kleiderbügelhaken
- Acrylfarben: weiß, schwarz
- karminroter Buntstift

zusätzlich für den Löwen

- Acrylfarben: lindgrün, ocker, rehbraun

zusätzlich für den Bären

- Acrylfarben: kaffeebraun, hellbraun, rehbraun

zusätzlich für die Wandleiste:

- Leimholz, 18 mm stark, 70 x 13,5 cm
- Acrylfarben: hellgrün, grün, hellbraun
- 3 Dübelstäbe, Ø 10 mm, 10 cm lang
- 2 Messing-Bildaufhänger

Die Konturen der Kleiderbügel auf das dickere Sperrholz, die kleinen Pfoten und die Bärennase auf das dünnere Holz übertragen. Für die Wandleiste und die großen Pfoten das Leimholz nutzen. Nun alle Holzteile aussägen, mit Schmirgelpapier glätten und die Kanten abrunden. Für die Haken in die Wandleiste mit einem 10-mm Bohrer drei Löcher, gleichmäßig verteilt bohren und die Dübelstäbe mit Holzleim einkleben. Zusätzlich mittig auf der Rückseite der großen Pfoten, je ein Dübelloch etwa 12 mm tief fertigen. Nun alle Holzteile bemalen. Später die großen Pfoten auf die Dübelstäbe kleben. Zum Anbringen der Kleiderbügelhaken mit einem 3-mm Bohrer ein Loch mittig von oben in die Tierköpfe bohren und anschließend gerade eindrehen. Dann die Pfoten beim Löwen und dem Hund sowie die Nase beim Bären ankleben. Zum Schluss die großen Pfoten auf den Dübelstäben aufsetzen.

Schlüssel-Schild Pirat

Material
- Sperrholz, 8 mm stark
- Acrylfarben: weiß, hautfarben, rot, kobaltblau, lindgrün, rehbraun, hellbraun, schwarz
- 3 Haken, 2 x 20 mm lang
- Messing-Bildaufhänger

Den Piraten vom Vorlagenbogen auf das Sperrholz übertragen und aussägen. Mit Schleifpapier das Holzteil glätten und die Kanten etwas abrunden. Nach Abbildung die Figur bemalen und trocknen lassen. Anschließend die Gesichtszüge sowie Details aufpausen und aufmalen sowie die Wangen mit einem Buntstift röten. Danach mit einem 1-mm Bohrer drei kleine Löcher für die Schlüsselhaken vorbohren und die Haken anschließend eindrehen. Zum Aufhängen des Schildes einen Bildaufhänger an der Rückseite anbringen.

Tipp:

Der freundliche Pirat kann auch als Türschild verwendet werden. Wenn Sie die Vorlage auf dem Kopierer vergrößern und vor dem Bemalen das Holzteil mit Magnetfarbe grundieren, lässt sich der Pirat auch als Memoschild nutzen.

Königliches Wandregal

Material

- Sperrholz, 12 mm und 8 mm stark (Hände)
- Holzleiste, 3 x 10 mm stark: je zweimal: 44,5 cm und 13 cm lang
- Holzleiste, 12 x 12 cm stark, 44,5 cm lang (Abstandsleiste)
- Acrylfarben: weiß, goldgelb, orange, hautfarben, lindgrün, blau, rehbraun, schwarz
- karminroter Buntstift
- schwarze Tafelfarbe
- 2 Rohholzkugeln, Ø 25 mm
- Formfilz: rot, blau: 9 x 2,5 cm lang
- gelb-rote Nylonkordel, Ø 8 mm, 2 m lang
- dünner Draht
- Haken mit Öse, 20 mm lang
- 3 Scharniere, 25 mm lang
- 3 Schrauben

Die Motive auf das entsprechende Sperrholz übertragen. Alle Holzteile sowie die Holzleisten zusägen, mit Schmirgelpapier glätten und die Kanten leicht abrunden. Die Abstandsleiste von hinten an die Rückwand schrauben und die dünnen Leisten als Rahmen auf das Ablagebrett bzw. der mit Tafellack bemalten Schreibtafel leimen. Danach das Ablagebrett mit zwei Löchern von 8 mm Durchmesser für die Befestigungsschnur versehen und dann, mit der Rahmenseite nach unten mit drei Scharnieren an die Abstandsleiste anschrauben.

Nun das Brett hochklappen und auf der linken Seite deckungsgleich ein Bohrloch fertigen. Das rechte Loch wird etwas tiefer gesetzt. Zum Befestigen der Beine je ein Loch in Hosenunterseite und Schuhe bohren. Nun die Figur, das Ablagebrett sowie die Kugeln bemalen. Danach die Gesichtszüge und Details aufpausen und aufmalen. Dann rote Filzkreise mit einem Durchmesser von 1,5 cm ausschneiden und auf den Schuhen fixieren. Anschließend zwei Kordelstücke mit 38 cm Länge zuschneiden, die Enden mit dünnem Draht abbinden und diese jeweils in die Bohrlöcher der Hosenbeine und Schuhe einkleben. Die restliche Kordel an einem Ende verknoten und eine Holzkugel auffädeln. Von der Unterseite des Ablagebretts, durch die Rückwand fädeln und am Rücken entlang nach vorne durchführen. Als Nächstes durch das Bohrloch des Ablagebretts stecken und die zweite Holzkugel auffädeln. Die Kordel spannen, das Brett waagerecht ausrichten und unterhalb der Kugel verknoten. Danach die Hände ankleben. Nun das Brett hochklappen und seitlich einen Haken mit Öse zum Feststellen anbringen. Zum Schluss auf der Tafelseite die Kreide mit einem Filzstreifen fixieren oder mit einer Kordel an der seitlichen Öse einhängen.

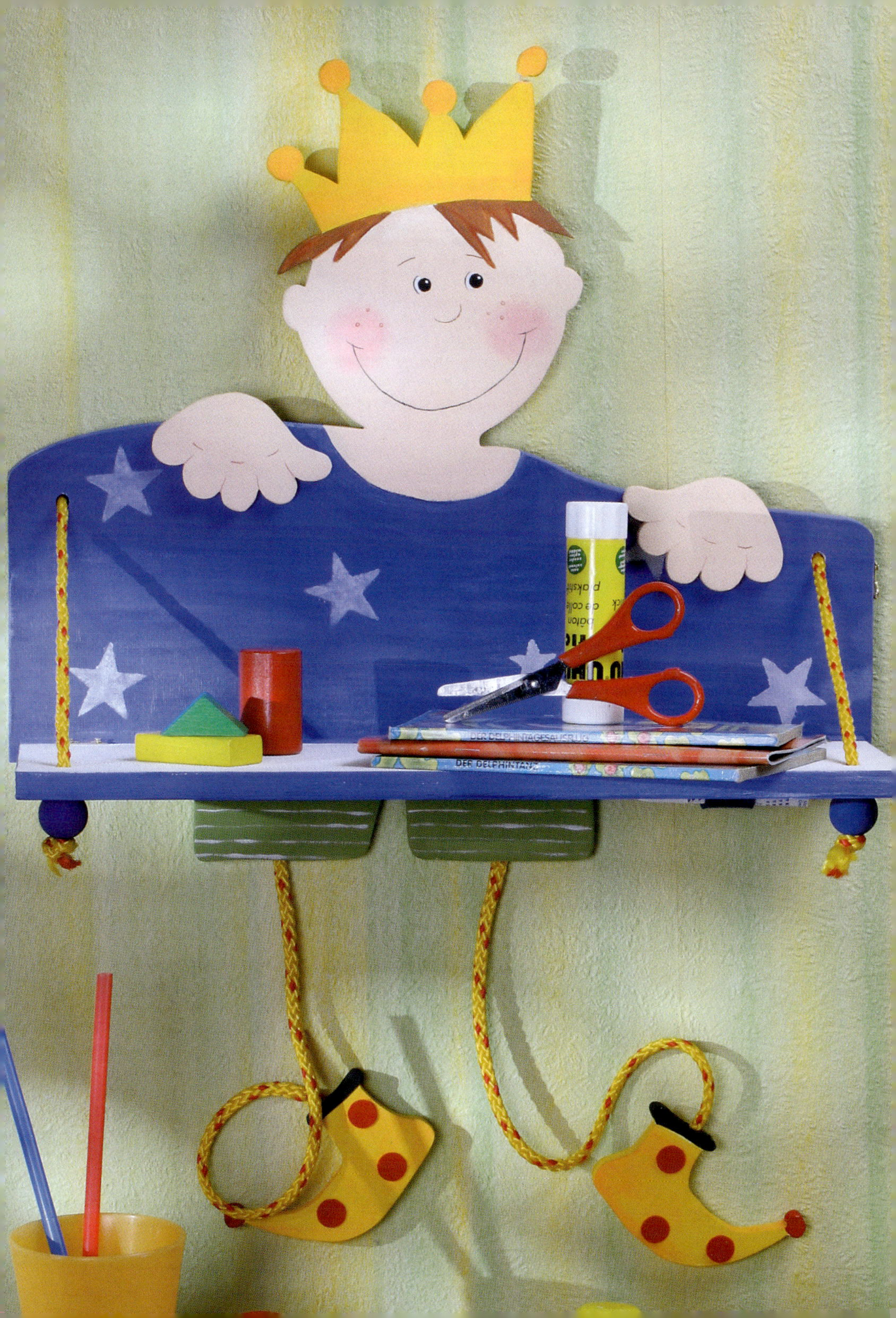
DER DELPHINTANZ

Pst- nicht stören!

Material

- Sperrholz, 8 mm (Körper), 6 mm (Kopf und Schild) und 4 mm stark (Katzennase und Maus)
- Acrylfarben: weiß, hautfarben, rot, lindgrün, blau, schwarz
- 2 Holz-Halbschuhe, 18 mm lang
- 6 Wickeldrahtstücke, Ø 0,5 mm, 8 cm lang
- graue Gummischnur, 1 mm stark, 10 cm lang
- Bindedraht, 2 x 25 cm lang (Schildaufhängung)
- Messing-Bildaufhänger

Zu Beginn alle Motivteile auf das angegebene Sperrholz übertragen und anschließend aussägen. Mit einem 2-mm Bohrer Löcher zum Anbringen des Schildes bohren. Zusätzlich zum Einstecken für die Barthaare 1-mm große Bohrlöcher fertigen. Danach alle Holzteile mit Schmirgelpapier glätten und die Kanten abrunden. Jetzt den Kopf und das Schwanzteil der Katze auf den Körper kleben. Anschließend die Holzteile und die Halbschuhe bemalen. Nach dem Trocknen die Maus auf das Schild kleben und als Beine die graue Gummischnur ankleben. Die Schnurenden in die Löcher der Halbschuhe einkleben. Zum Verbinden von Katze und Schild, die beiden dicke Drähte um ein Rundholz wickeln und vorsichtig wieder herunterziehen. Die Drahtenden durch die entsprechenden Löcher stecken und auf der Rückseite zu einer Öse verdrillen. Nun die dünneren Wickeldrahtstücke mit Kleber versehen und als Barthaare einstecken. Zum Aufhängen des Schildes auf der Rückseite einen Aufhänger annageln.

Pst! Nicht stören!
Hier ruht Niclas

Raben halten Ordnung!

Material

- Leimholz, 18 mm stark, je zweimal: 21,5 x 14 cm und 14 x 18 cm
- Sperrholz, 12 mm stark
- Acrylfarben: rot, schwarz
- 2 Bindedrahtstücke, Ø 0,35 mm, 20 cm lang
- schwarzer Moosgummirest
- Tapete „Büchercharly“
- 2 Nägel
- 6 Schrauben

Zunächst das ausgewählte Rabenmotiv mit einer Schere ausschneiden. Anschließend die Motivumrisse auf das Sperrholz übertragen und aussägen. Für die beiden Stützen das Leimholz verwenden und nach Materialangabe zusägen. Alle Holzteile mit Schmirgelpapier glätten und die Kanten abrunden. Nun die Buchstützen mit roter und die Sperrholzteile mit schwarzer Acrylfarbe bemalen. Nach dem Trocknen zuerst die beiden Leimholzteile rechtwinklig aneinander schrauben. Danach die ausgesägten Sperrholzmotive mittig auf die Stützen kleben und ggf. anschrauben. Vor dem Aufkleben der Motive können die Buchstützen noch mit einem Schutzlack lackiert werden. Nun die ausgeschnittenen Tapetenmotive auf den Sperrholzteilen fixieren. Zur Dekoration ein Kuvert und ein Herz aus der Tapete ausschneiden und die Motive auf Moosgummi kleben. Dann mit Draht die Motive auffädeln und mit einem Nagel an der Stütze anbringen.

Tipp:

Die Tapetenmotive lassen sich vielseitig einsetzen. Einfach auf Sperrholz aufkleben und aussägen. Sie können als Rückwand für ein Wandbord, für ein Türschild oder ein Schlüsselbrett verwendet werden.

DER DELPHINTAGESAUSFLUG
DER DELPHINTRAUM
DER DELPHINTANZ
Made in W.-Germany
JUMBO COLOUR

Zettelbox

Material

- Sperrholz, 8 mm stark
- Rundholzstab, Ø 8 mm, 2 x 9 cm lang
- Acrylfarben: weiß, rot, ultramarin, lindgrün, ocker, rehbraun, schwarz
- karminroter Buntstift
- 2 Holz-Halbperlen, Ø 8 mm
- brauner Bindedraht, Ø 0,35 mm, 9 x 3 cm lang
- Drahtstifte

Die Figuren auf das Sperrholz übertragen und aussägen. Zusätzlich für den Boden eine Platte von 12 x 12 cm Größe zusägen und auf einer Seite mittig ca. 1,5 cm vom Seitenrand entfernt zwei Löcher bohren. Alle Holzteile mit Schmirgelpapier glätten und die Kanten leicht abrunden. Nun gemäß Abbildung die Holzteile, die beiden Rundholzstäbe und die Halbperlen mit Acrylfarben bemalen. Danach die Gesichtszüge aufpausen, farbig gestalten und dabei die Wangen mit einem Buntstift röten. Als Nächstes kleine Löcher für die Barthaare bohren. Anschließend die beiden Figurenteile mit Leim und Drahtstiften bündig mit der Bodenplatte zu einem Kästchen zusammenfügen. Zu Zweit geht es am besten. Zum Schluss die beiden Rundholzstäbe, mit den Halbperlen als Stababschluss versehen und die Barthaare in die vorgesehenen Löcher einkleben.

Tipp:

Fehlt noch die passende Memotafel dazu? Dann vergrößern Sie einfach ein Figurenseitenteil mithilfe eines Kopierers. Grundieren Sie den geraden unteren Bereich mit Magnetfarbe und anschließend mit der lindgrünen Acrylfarbe. Nun lassen sich mit kleinen Magneten Notizzettel festhalten.

UHU

Leo, der Memo-Halter
Hippo als Handy-Halter

Material (Leo)

- Sperrholz, 6 mm stark (Kopf)
- Sperrholz, 10 mm, Ø 8 cm (Bodenplatte)
- Acrylfarben: weiß, ocker, rehbraun, rot, schwarz
- karminroter Buntstift
- Rundholzstab, Ø 10 mm, 13 cm lang
- Holzhalbkugel, Ø 4 cm
- Holz-Wäscheklammer

Als Erstes den Kopf des Löwen zweimal auf das dünnere Sperrholz pausen. Für die Bodenplatte das dickere Sperrholz nutzen. Nun die Holzteile aussägen, mit Schleifpapier glätten und die Kanten abrunden. Für den Standfuß in die Halbkugel mittig ein Loch bohren. Dann den Rundholzstab auf einer Seite ca. 1,5 cm lang flach bis zur Mitte feilen. Anschließend alle Teile nach Abbildung bemalen. Nun das Gesicht aufpausen und gestalten. Als Nächstes den abgeflachten Teil des Rundholzes mittig auf eine Innenseite der Wäscheklammer kleben und gut trocknen lassen. Dann nacheinander die Kopfteile auf die Außenseite der Klammer kleben. Das Gesicht nun auf die andere Hälfte der Wäscheklammer kleben. Zum Schluss den Rundholzstab in die Halbkugel kleben und auf der Bodenplatte anbringen.

Material (Hippo)

- Sperrholz, 12 mm und 6 mm stark
- Rohholzkugeln: 2 x Ø 25 mm, 2 x Ø 30 mm, 1 x Ø 40 mm
- 4 Dübelholzstäbe, Ø 10 mm, 2 cm lang
- Acrylfarben: weiß, hautfarben, schwarz
- Schraube
- Klarlack auf Wasserbasis

Den Kopf aus 6 mm und den Körper aus 4 mm Sperrholz sägen. Die Holzteile mit Schmirgelpapier glätten und die Kanten abrunden. An den Markierungspunkten vier Löcher auf der Vorderseite, ca. 7 mm tief, bohren. Nun die Dübelhölzer in die Löcher einkleben und die Kugeln aufsetzen. Danach den Körper aufstellen und die große Kugel auf der Rückseite als Stütze aufkleben. Alles mit Acrylfarben bemalen und trocknen lassen. Danach den Kopf auf den Körper kleben und zusätzlich von der Rückseite her anschrauben. Zum Schutz den Handyhalter mit wasserlöslichem Klarlack überziehen.

Fußball
17^{00}

Bienchen als Stimmungs-barometer!

Material

- Sperrholz, 6 mm stark
- Acrylfarben: weiß, goldgelb, hautfarben, pink, rosa, hellblau, flieder, rehbraun, schwarz
- irisierender Glitterliner
- silberner Lackmalstift
- 4 Holz-Halbschuhe, 25 mm lang
- 2 Drahtstücke, 0,5 mm stark, 5 cm lang
- 2 pinkfarbene Holzperlen, Ø 6 mm,
- 2 pinkfarbene Gummistücke, Ø 1 mm, 24 cm lang
- wasserfeste Filzstifte: rot, schwarz

Den Bienenkörper auf das Sperrholz übertragen. Zum Aussägen der inneren Fläche zuerst mit einem Bohrer ein Loch ca. 8 mm einbohren, danach das Sägeblatt ausspannen und durch das Bohrloch führen. Danach das Sägeblatt wieder einspannen und den inneren Teil aussägen. Anschließend die Biene an der äußeren Kontur entlang aussägen. Mit einem 1-mm Bohrer zwei Löcher für die Fühler am Kopf und mit einem 2-mm Bohrer die Löcher für die Beinschnüre bohren. Das Holzteil mit Schleifpapier glätten und die Kanten abrunden. Nach Abbildung die Schuhe sowie die Biene auf beiden Seiten bemalen. Dabei die Streifen mit einem Lineal und einem Bleistift zuerst vorzeichnen und danach mit einem schmalen Borstenflachpinsel aufmalen. Die Konturen mit einem silbernen Lackmalstift nachfahren. Nun die unterschiedlichen Gesichter gestalten, dabei die Wangenbäckchen mit einem Buntstift röten und den Mund mit einem roten, wasserfesten Filzstift aufbringen. Anschließend den Schriftzug gestalten und die Flügel mit irisierendem Glitterliner überziehen. Danach zwei Perlen auf die Fühlerdrähte stecken, die Drahtenden rund biegen und in die Löcher einkleben. Nun die Gummischnüre als Beine durch die passenden Löcher fädeln und die Enden in die Halbschuhe kleben. Zu guter Letzt die Schnüre miteinander verknoten.

Heute
schlechte
Laune

Für die Prinzessin

Material - Türschild

- Fotokarton: weiß, hellgelb, hautfarben, rosa, erika
- rosa Strukturkarton
- silberner Fotokarton
- je 3 Strass-Steinchen: Ø 3 mm, transparent, Ø 5 mm, blau
- weißer Knopf, Ø 6 mm
- schwarzer, wasserfester Filzstift
- karminroter Buntstift
- weißer Gelliner
- irisierender Glitterliner
- Silberdraht, Ø 0,4 mm, 50 cm lang
- kleine bunte Glasperlen
- schwarze Rubbel-Buchstaben

Die Konturen der einzelnen Motivteile vom Vorlagenbogen auf die entsprechenden Papiere übertragen und ausschneiden. Zur besseren Stabilität die Teile doppelt fertigen, dabei eine Seite seitenverkehrt arbeiten. Für die Haare schneiden Sie den gelben Fotokarton in ca. 1 mm dünne Streifen, mit einer Länge von 4 cm zu. Etwa 20-25 Streifen ergeben einen dichten Haarpony der entsprechend angepasst werden kann. Mithilfe des Vorlagenbogens die Teile zusammenkleben. Nun die Gesichtszüge aufpausen und mit Filzstiften sowie Buntstiften ausarbeiten. Die Punkte auf dem Kleidchen mit einem weißen Gelliner auftupfen. Anschließend den Schriftzug auf dem Schild mit Rubbel-Buchstaben aufbringen. Danach den Knopf auf den Kragen kleben und mit den Strass-Steinchen die Krone verzieren. Zum Aufhängen der Prinzessin mit einer dicken Stopfnadel zwei Löcher vorstechen. Nun verschiedene Glasperlen auf ein Stück Silberdraht auffädeln und in Abständen den Draht um ein Rundholzstäbchen wickeln. Die Drahtenden in die vorgesehenen Löcher stecken und auf der Rückseite zu einer Öse verdrillen.

Material - Fotohalter

- Sperrholz, 12 mm stark
- Acrylfarben: weiß, goldgelb, rosa, pink, rot, lindgrün, schwarz
- Rohholzkugel, Ø 40 mm
- Rohholz-Halbkugel, Ø 6 mm
- Dübelstäbe: Ø 8 mm, 2,5 cm (Kopf), Ø 6 mm und 3 cm lang (Herz)
- Formfilz: gelb, weiß
- 6 rote Strass-Steinchen
- 15 gelbe Wollfäden, 10 cm lang
- Schraube

Den Körper und das Herz auf das Sperrholz übertragen und aussägen. Zusätzlich eine Bodenplatte auf ein Maß von 15 x 8,5 cm zusägen. Für die Kopfbefestigung in den Körper und in die Holzkugel mit einem 8-mm Bohrer je ein Loch bohren. Danach in die abgeflachte Herzspitze sowie in die Bodenplatte, zum Aufstellen des Herzens, jeweils ein 6-mm tiefes Loch bohren. Von oben einen kleinen Einschnitt von ca. 1 cm Tiefe, mit einer Bügelsäge fertigen. Alle Holzteile mit Schleifpapier glätten und die Kanten abrunden. Nun die Halbkugel als Nase aufkleben. Zur Kopfbefestigung das dickere Dübelholz in den Körper kleben und danach den Kopf aufsetzen. Als Nächstes das dünnere Dübelholz in das Herz kleben und danach auf der Bodenplatte fixieren. Anschließend alle Holzteile bemalen. Die Wollfäden mittig mit einem separaten Faden zu einem Haarschopf zusammenbinden und aufkleben. Dabei drei Fäden zu einem Pony kürzen und den Rest zu Zöpfchen abbinden. Die Krone fertigen und mit Strass-Steinen dekorieren. Zuletzt die beiden Flügel aus Filz am Rücken fixieren.

Prinzesschen's
Zimmer

Nützliche Helfer

Kleiderhaken

Material

- Sperrholz, 8 mm stark
- Dübelholzstab, Ø 10 mm, 7 cm lang
- 3 erikafarbene Kunststoffblüten: Ø 2 cm und Ø 6 mm
- Acrylfarbe: weiß, rosa, rot
- irisierender Glitterliner
- Schaschlik-Stäbchen
- Messing-Bildaufhänger

Schatulle

Material

- MDF-Truhe, 18 x 12 x 10 cm lang
- Acrylfarben: rosa, rot
- silberner Lackmalstift
- 2 rosa Formfilz-Streifen: 5 x 2 cm lang
- pinkfarbener Filz, Ø 1mm
- Kosmetikspiegel, 6,5 x 5 cm
- Rohholzkugel halbgebohrt, Ø 25 mm
- Rohholz-Halbkugel, Ø 8 mm
- Kunststoffblüten, Ø 12 mm: 4 x pink, 4 x flieder, 2 x rosa
- transparentes Kunststoff-Herz, Ø 1,5 cm
- 3 transparente Strass-Steinchen, Ø 4 mm
- doppelseitiges Klebeband

Spiegel

Material

- Sperrholz, 6 mm und 4 mm stark
- Handspiegel, 15 x 12,5 cm
- Acrylfarben: weiß, rosa, rot
- erika und fliederfarbene Kunststoff-Blüten: 7 x 6 mm, 3 x 2 cm
- 2 fliederfarbene Kunststoff-Herzen, 6 mm
- Silikonkleber
- Messing-Bildaufhänger

Kleiderhaken

Die Motive auf das Sperrholz übertragen und aussägen. In das Herz und die Krone mittig je ein Loch bohren. Die Holzteile glätten, die Kanten abrunden und alle Teile bemalen. Die Punkte mit einem Stäbchen auftupfen und die Herzen mit irisierendem Glitterliner überziehen. Später die Blüten aufkleben. Jetzt das Dübelholz in das Bohrloch einkleben und die Krone darauf fixieren. Auf der Rückseite noch einen Aufhänger anbringen.

Schatulle

Die Truhe, die Holzkugel und die Halbkugel grundieren. Anschließend die Halbkugel auf das Loch der Holzkugel kleben. Danach die Kugel, von der Innenseite des Deckels, mit einer Schraube befestigen. Die zwei Formfilz-Streifen an der Truhe sowie auf der Deckelinnenseite festtackern und anschließend den Deckel, dessen Innenseite sowie die Truhe mit Filz auskleiden. Für den Deckel und den Boden den Formfilz verwenden. Auf der Deckelinnenseite mit Klebeband einen kleinen Spiegel fixieren. Nun die Krone aus Filz fertigen, aufkleben und verzieren. Zuletzt auf die Seitenteile mit einem silbernen Lackmalstift einige Spiralen aufmalen.

Spiegel

Zuerst die Grundform des Spiegels auf die 6 mm dicke Sperrholzplatte übertragen. Nun eine gleich große Platte, mit 4 mm Stärke, unter die dicke Holzplatte legen und die auszusägende Innenfläche anzeichnen. Von der Vorlage nun die gestrichelte Linie übertragen und anschließend diese Innenfläche, die etwas größer ist, aussägen. Beide Platten aufeinanderleimen und fest zusammenpressen. Nach dem Trocknen den Spiegel sowie die Rückseite aussägen. Nun die Holzteile glätten und die Kanten abrunden. Danach den Spiegel bemalen und später das Spiegelglas einlegen. Die Spiegelrückseite vollflächig mit einem Silikonkleber satt einstreichen und die Rückplatte, ggf. mit kleinen Drahtstiften sichern. Jetzt noch kleine Herzchen und Blüten aufkleben. Zuletzt einen Bildaufhänger aufbringen.

Memotafel für Mädchen

Material

- Sperrholz, 12 mm stark, 60 x 40 cm
- Sperrholz, 4 mm stark, 58 x 38 cm (Rückwand)
- Holzleiste, 10 x 20 mm stark, 30 cm lang
- Acrylfarben: weiß, rot, hellblau, lindgrün
- Magnetfarbe
- Serviette „ Elfriede"
- Serviettenkleber
- weißer Fotokarton
- hellgrün-pinkes Streifenband, 15 mm, 2,3 m lang
- 2 Silberdrahtstücke, Ø 0,4 mm, 40 cm lang
- 6 goldene Mini-Wäscheklammern, 25 mm lang
- 36 bunte Glasperlen, Ø 5 - 20 mm
- 3 Holz-Buttons, Ø 3 cm
- 3 runde Magnete, Ø 2,5 cm
- 2 Messing-Bildaufhänger
- Drahtstifte
- 4 Nägel

Die Vorder- und Rückwand der Memotafel aus dem entsprechenden Sperrholz zusägen. Anschließend nach Skizze die innere Freifläche auf der Vorderwand aussägen und die Holzleiste, nach dem Zusammenleimen der Vorder- und Rückseite, als Abtrennung einkleben. Die Rückseite mit kleinen Drahtstiften fixieren. Nun die Holzteile mit Schmirgelpapier glätten und die Kanten etwas abrunden. Nun die Tafel und die Holz-Buttons bemalen, dabei die blaue Farbe etwas mit Wasser verdünnen und mit einem Schwämmchen auftragen. In die noch nasse Farbe Weiß wolkig aufwischen. Das Blumenmädchen und einzelne Blütenköpfe grob aus der Serviette ausschneiden. Danach die beiden weißen Lagen der Serviette entfernen und die Motive auf einen weißen Fotokarton aufkleben. Später die Motive ausschneiden und auf die Tafel sowie den Holz-Buttons kleben. Die Blütenstiele mit grüner Farbe aufmalen. Anschließend auf zwei Silberdrahtstücke verschiedene Glasperlen, abwechselnd mit einzelnen Wäscheklammern auffädeln. Zum Spannen der Drähte, Nägel auf der Platte anbringen und die Drahtenden darum wickeln. Nun die Magnete an die Unterseiten der Holz-Buttons fixieren. Die Tafel mit einem Band bespannen und deren Enden auf der Rückseite festtackern. Als Letztes zwei Aufhänger auf der Rückseite anbringen.

Samstag Eis essen mit Lisa
Mamis Geburtstag!
19^{00} Kino

Piraten-Wandregal mit Schatztruhe

Material
- Sperrholz, 10 mm stark
- Acrylfarben: weiß, goldgelb, hautfarben, karminrot, eisblau, hellgrün, kobaltblau, braun, schwarz
- karminroter Buntstift
- Holztruhe, 36 x 21 x 25 cm
- braunes Fischernetz
- Pappmaché: „Anker", Ø 7 cm, „Steuerrad", Ø 15 cm
- feine Eisenkette, 45 cm lang
- kleine Muscheln
- 6 Schrauben, 1 Nagel

Den Piraten und die Seitenteile des Ablagebretts auf das Sperrholz übertragen und aussägen. Zusätzlich noch eine Bodenplatte von 38,5 x 28,5 cm Größe zusägen. Alle Holzteile mit Schmirgelpapier glätten und die Kanten abrunden. Zuerst das Bodenbrett an die Figur leimen und von der Rückseite anschrauben. Anschließend die beiden Seitenteile ebenso fixieren. Gemäß Abbildung die Figur, die Holztruhe, den Anker und das Steuerrad bemalen. Nun die Gesichtszüge aufpausen und aufmalen, dabei die Wangen mit einem Buntstift röten. Die Holztruhe auf das Ablagebrett stellen, und mit einem Fischernetz und kleinen Muscheln dekorieren. Das Netz seitlich an der Figur mit einem Nagel fixieren und locker auf dem Deckel der Truhe (der Deckel sollte sich öffnen lassen) befestigen. Mit einem 1-mm Bohrer ein Loch am Ohr sowie am Anker bohren und als Ohrschmuck andrahten. Das Steuerrad mit einer Kette um den Hals binden. Zum Schluss die Truhe mit Winkeln an der Wand befestigen bzw. zwei Löcher in die Rückwand des Regals bohren und mit Haken oder Schrauben anbringen.

Tipp:

Der Pirat lässt sich ohne Truhe auch als Bücherregal oder Ablageregal nutzen.

Krimskrams-Säckchenhalter

Material

- Sperrholz, 12 mm (Motivleiste) und 8 mm stark (Kopf)
- Holzscheiben, Ø 2,5 cm, 1 cm stark
- 4 Dübelstäbe, Ø 10 mm, 4,5 cm lang
- Acrylfarben: weiß, goldgelb, hautfarben, karminrot, hellblau, grün, rehbraun, schwarz
- schwarzer Lackmalstift, grauer wasserfester Filzstift
- karminroter Buntstift
- grüner Filz, 4 mm stark
- grün-blau karierter Stoff
- 9 braune Bouclé-Wollfäden, 13 cm lang
- gelbes Satinband, 4 mm breit, 50 cm lang
- 2 hellgrüne Nieten, Ø 10 mm
- 2 große Messing-Bildaufhänger
- 2 Schrauben

Zu Beginn die Motive auf das entsprechende Sperrholz übertragen. Alle Holzteile aussägen, anschließend mit Schmirgelpapier glätten und die Kanten abrunden. Zum Befestigen der Räder mit einem 10-mm Bohrer vier Löcher an den Markierungspunkten in die Wandleiste bohren. Für die Taschenaufhängung zwei Löcher mit einem 5-mm Bohrer fertigen. Die Holzteile, Dübelstäbe und Räder bemalen. Danach die einzelnen Details sowie die Gesichtszüge aufpausen und aufmalen sowie die Wangen röten. Nun die Schienen mithilfe eines Lineals und einem grauen Filzstift aufmalen. Einige Konturen der Wagen und der Lok mit dem schwarzen Lackmalstift gestalten. Anschließend die Dübelstäbe in die Bohrlöcher einkleben und die Räder darauf fixieren. Jetzt die Wollfäden mittig abbinden und das Haarbüschel aufkleben. Für das Säckchen die Motivteile zuerst auf Transparentpapier übertragen und grob ausschneiden. Dann mit Stecknadeln die einzelnen Schnittteile auf dem Filz und dem karierten Stoff fixieren und ausschneiden. Beim karierten Stoff die Nahtzugabe nicht vergessen. Anschließend die kleine Tasche feststecken und mit der Nähmaschine auf das Vorderteil nähen. Dann den karierten Stoff auf die Vorderhälfte des Filzstückes legen, die Nahtzugabe des Stoffes nach innen einschlagen und mit Stecknadeln fixieren. Nun mit groben Stichen den Stoff auf den Filz heften und 0,5 cm vom Rand entlang absteppen. Zum Schluss zwei Nieten zum Aufhängen einklopfen und das Säckchen mit gelbem Band am Körper festbinden.